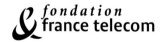

La Fondation France Télécom soutient la musique vocale

Notre Fondation accorde une attention toute particulière
aux actions pédagogiques qui sensibilisent le public à l'art vocal,
comme l'édition de ce livre-disque qui fait découvrir
20 berceuses du grand répertoire classique
interprétées par des artistes de talent.

Les berceuses des grands musiciens

LES VINGT PLUS BELLES BERCEUSES DU GRAND RÉPERTOIRE CLASSIQUE

GALLIMARD JEUNESSE MUSIQUE

Guten Abend, gut' Nacht,
Mit Rosen bedacht,
Mit Näglein besteckt,
Schlupf unter die Deck :
Morgen früh, wenn Gott will,
Wirst du wieder geweckt.

Guten Abend, gut' Nacht,
Von Englein bewacht,
Die zeigen im Traum
Dir Christkindleins Baum :
Schlaf nun selig und süß,
Schau im Traum's Paradies.

Bonsoir, bonne nuit,
Glisse-toi sous la couverture,
Couverte de roses,
Et brodée d'œillets :
Demain matin, si Dieu le veut,
Tu seras à nouveau debout.

Bonsoir, bonne nuit,
Les anges qui te gardent,
Dans tes rêves te montrent
L'arbre de l'enfant Jésus :
Dors à présent, paisiblement et doucement,
Entre dans le paradis des rêves.

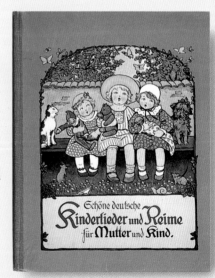

Simple mélopée destinée à apaiser la mère autant que l'enfant, chant plus complexe chargé de reproches ou de tendresse, la berceuse est en général une mélodie toute simple, écrite sur un rythme qui évoque le bercement. Les spécialistes expliquent aujourd'hui que les rythmes des berceuses, les mots scandés, rappellent sans doute au bébé les bruits du cœur maternel.

Schlafe, schlafe, holder, süßer Knabe,
Leise wiegt dich deiner Mutter Hand,
Sanfte Ruhe, milde Labe,
Bringt dir schwebend dieses Wiegenband.

Schlafe, schlafe in dem süßen Grabe,
Noch beschützt dich deiner Mutter Arm,
Alle Wünsche, alle Habe,
Faßt sie liebend, alle liebewarm.

Schlafe, schlafe in der Flaumen Schoße,
Noch umtönt dich lauter Liebeston,
Eine Lilie, eine Rose,
Nach dem Schlafe werd sie dir zum Lohn.

Le faire-part était une pratique autrefois réservée aux riches familles bourgeoises. On y indiquait un jour et une heure de visite où la famille et les amis étaient invités à venir voir le nouveau-né.

Dors, dors, cher et tendre garçon,
Doucement la main de ta mère te berce,
Un paisible repos, un doux bien-être,
Viendront bientôt t'envelopper.

Dors dans ta douce tombe,
Le bras de ta mère te protège encore,
Tout ce que tu souhaites, tout ce que tu as,
Est pris dans son étreinte, brûlante d'amour.

Dors, dors, cher et tendre garçon,
L'amour résonne encore autour de toi,
Un lys, une rose,
Seront ta récompense au réveil.

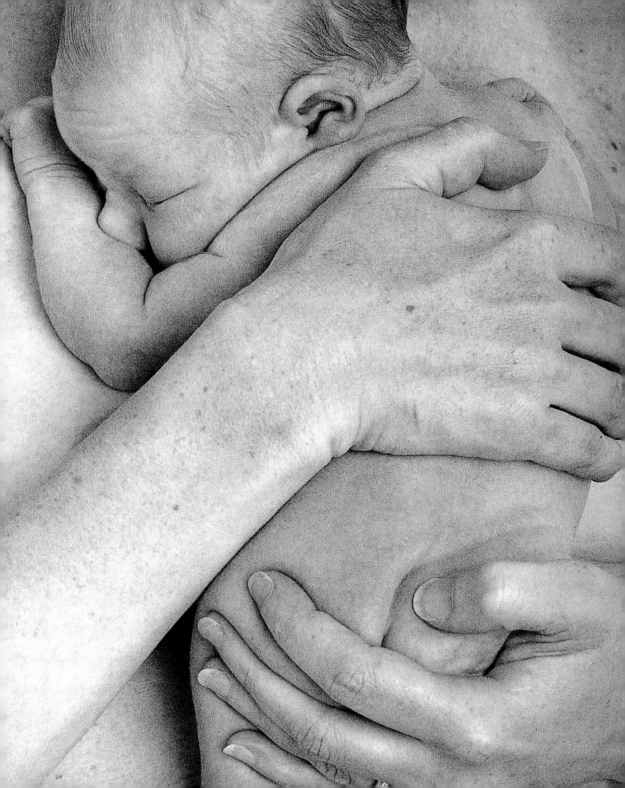

Schlafe, mein Prinzchen, schlaf ein,

Es ruhn nun Schäfchen und Vögelein,

Garten und Wiese verstummt,

Auch nicht ein Bienchen mehr summt,

Luna mit silbernem Schein gucket

zum Fenster herein,

Schlafe beim silbernen Schein,

Schlafe, mein Prinzchen, schlaf ein !

Alles im Schlosse schon liegt,

Alles in Schlummer gewiegt ;

Reget kein Mäuschen sich mehr,

Keller und Küche sind leer,

Nur in der Zofe Gemach

tönet ein schmachtendes Ach !

Was für ein Ach mag dies sein ?

Schlafe, mein Prinzchen, schlaf ein !

Wer ist beglückter als du ?

Nichts als Vergnügen und Ruh !

Spielwerk und Zucker vollauf,

Und noch Karossen im Lauf,

Alles besorgt und bereit,

Daß nur mein Prinzchen nicht schreit.

Was wird da künftig erst sein ?

Schlafe, mein Prinzchen, schlaf ein !

Schlaf ein, schlaf ein !

Friedrich Wilhelm Gotter

Bras serrés le long du corps, jambes tendues, l'enfant était jusqu'au XVIIIe siècle étroitement emmailloté.

Dors, mon petit prince, endors-toi ! Même les moutons et les oiseaux se reposent, le jardin et le pré se taisent, plus une abeille ne vrombit, la lune et son reflet d'argent entrent par la fenêtre. Dors au reflet d'argent. Dors, mon petit prince, endors-toi ! Tout dans le château repose, tout est bercé dans le sommeil, pas une souris ne bouge, la cave et la cuisine sont vides. Dans la chambre de la servante seul résonne un soupir. Pourquoi ce soupir ? Dors, mon petit prince, endors-toi ! Qui est plus heureux que toi ? Rien que bonheur et repos ! Boîte à musique et sucres sont là, et les carrosses aussi. Tout est prêt pour que mon petit prince ne crie pas. Que nous réserve l'avenir ? Dors, mon petit prince, endors-toi !

Schlaf, Herzenssöhnchen, mein Liebling bist du,
Tue die blauen Guckäugelein zu !
Alles ist ruhig und still wie im Grab ;
Schlaf nur, ich wehre die Fliegen dir ab.

Engel vom Himmel, so lieblich wie du,
Schweben ums Bettchen und lächeln dir zu ;
Später zwar steigen sie auch noch herab,
Aber sie trocknen nur Tränen dir ab.

Jetzt noch, mein Söhnchen, ist goldene Zeit,
Später, ach, später ist's nimmer wie heut :
Stellen erst Sorgen ums Lager sich her,
Söhnchen, dann schläft sich's so ruhig nicht mehr.

Schlaf, Herzenssöhnchen ! Und kommt gleich
die Nacht,
Sitzt doch die Mutter am Bettchen und wacht ;
Sei es so spät auch und sei es so früh :
Mutterlieb, Herzchen, entschlummert doch nie !

Franz Carl Hiemer

Dors, mon petit garçon chéri, tu es mon trésor,
Ferme tes petits yeux bleus !
Tout est calme et silencieux comme une tombe ;
Dors, j'éloigne de toi les mouches.

Les anges du ciel, jolis comme toi,
Volent autour du lit et te sourient ;
Plus tard, ils descendront vers toi,
Et sécheront tes larmes.

Maintenant, mon petit garçon, le temps est d'or,
Demain, ah ! demain ne sera jamais comme aujourd'hui
Si les soucis se posent près du berceau, mon petit,
Tu ne dormiras plus aussi tranquillement.

Dors, mon petit garçon chéri ! Bientôt arrive la nuit,
Et ta mère veille près du lit ;
Si tard ou si tôt qu'il soit :
L'amour de ta maman, mon petit, ne faiblira jamais.

Rempli de lait de chèvre ou de vache, le biberon fut tout d'abord, au Moyen-Âge, en corne, puis, par la suite, en étain ou en verre. Avant l'apparition de la tétine, on se contentait d'entourer le goulot du récipient d'un chiffon pour en modérer le débit.

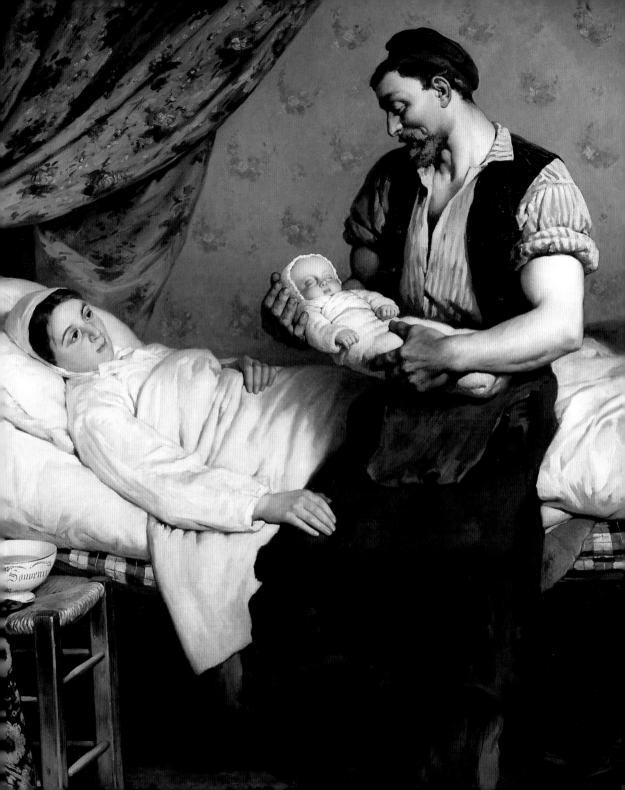

Träume, du mein süsses Leben,

Von dem Himmel, der die Blumen bringt,

Blüten schimmern da, die beben

Von dem Lied, das deine Mutter singt.

Träume, Knospe meiner sorgen,

Von dem Tage, da die Blumen spross

Von dem hellen Blütenmorgen,

Da dein Seelchen sich der Welt erschloss.

Träume, Blüte meiner Liebe,

Von der stillen, von der heil'gen Nacht.

Da die Blume Seiner Liebe

Diese Welt zum Himmel mir gemacht.

                    Richard Dehmel

Rêve, toi, douceur de ma vie,

Rêve du ciel qui fait éclore les fleurs,

Voilà des boutons éclatants, tout frémissants de vie,

Quand ta mère chante sa mélodie.

Rêve, fleuron de mon amour,

Rêve du jour qui fait jaillir les fleurs,

Du clair matin fleuri

Où ta petite âme s'ouvrit au monde.

Rêve, fleur de mon amour,

De la douce et sainte nuit,

Où la floraison de Son amour

A pour moi changé ce monde en paradis.

À peine sorti de son maillot, l'enfant était placé dans un cadre en osier, parfois en bois, appelé « promenette » ou « tintebin ». À partir de la fin du XVIIIe siècle, ce genre d'appareil qui entrave le développement naturel sera peu à peu proscrit.

Vom Berg hinabgestiegen ist nun des Tages Rest ;

Mein Kind liegt in der Wiegen, die Vögel all'im Nest,

Nur ein ganz klein Singvögelein ruft weit daher im Dämmerschein :

"Gut'Nacht ! Gut'Nacht ! Lieb'Kindlein, gute Nacht !"

Die Wiege geht im Gleise, die Uhr tickt hin und her,

Die Fliegen nur ganz leise sie summen noch daher.

Ihr Fliegen, lasst mein Kind in Ruh ! Was summt ihr ihm so heimlich zu ?

"Gut'Nacht ! Gut'Nacht ! Lieb' Kindlein, gute Nacht !"

Der Vögel und die Sterne und alle rings umher,

Sie haben mein Kind so gerne, die Engel noch viel mehr.

Sie decken's mit den Flügeln zu und singen leise :

"Schlaf'in Ruh ! Gut'Nacht ! Gut'Nacht ! Lieb'Kindlein, gute Nacht !"

Reinick

Le jour doré décline, le soleil disparaît ;
Mon bébé est couché dans son petit lit, les oiseaux sont dans leur nid.
Parmi eux, dans la clairière, un petit oiseau chante doucement :
« Bonne nuit ! Bonne nuit petit bébé ! Bonne nuit maintenant ! »

Le berceau se balance doucement, l'horloge laisse entendre son tic-tac ;
Les mouches bourdonnent paisiblement,
Laissez mon enfant en paix ! Ne lui bourdonnez pas à l'oreille !
« Bonne nuit ! Bonne nuit petit bébé ! Bonne nuit maintenant ! »

Les oiseaux, les étoiles, chaque fleur et chaque ruisselet,
Tous aiment tendrement mon enfant et les anges encore davantage ;
Ils le protègent de leurs ailes et tout doucement chantent :
« Dors en paix ! Bonne nuit petit bébé ! Bonne nuit maintenant ! »

L'ange est une figure protectrice présente dans de nombreuses berceuses.

Die ihr schwebet um diese Palmen

in Nacht und Wind, ihr heil'gen Engel,

Stillet die Wipfel ! Es schlummert mein Kind. *(bis)*

Ihr Palmen von Bethlehem in Windesbrausen,

Wie mögt ihr heute so zornig sausen !

O rauscht nicht also,

Schweiget, neiget euch leis und lind,

Stillet die Wipfel ! Es schlummert mein Kind. *(bis)*

Der Himmelsknabe duldet Bescherde ;

Ach, wie so müd er ward vom Leid der Erde.

Ach, nun im Schlaf, ihm, leise gesänftigt,

die Qualz errinnt,

Stillet die Wipfel ! Es schlummert mein Kind. *(bis)*.

Grimmige Kälte sauset hernieder,

Womit nur deck ich des Kindleins Glieder !

O all ihr Engel, die ihr geflügelt wandelt im Wind,

Stillet die Wipfel ! Es schlummert mein Kind. *(bis)*

D'après un poème de la Nativité de Lope de Vega
traduit de l'espagnol par Emanuel Geibel

Au début du siècle, parrains et marraines offraient la robe brodée portée sur les fonts baptismaux.

Vous qui planez au-dessus des palmiers

dans la nuit profonde, Ô anges saints,

Faîtes taire les branches ! Mon enfant dort. (bis)

Ô palmiers de Bethléem, les vents vous fouettent !

Pourquoi vous agiter ainsi aujourd'hui ?

Ô taisez votre rage !

Allez, soumettez-vous et gardez le silence.

Faîtes taire les branches ! Mon enfant dort. (bis)

Le fils du Ciel souffre vos passions ;

Il est épuisé par toutes les douleurs de la terre !

Ah ! à présent endormi, le repos va le gagner

et sa douleur prendre fin.

Faîtes taire les branches ! Mon enfant dort. (bis)

Les vents froids et les vents d'orage s'abattent

autour de lui.

Comment puis-je couvrir ses petits membres ?

Ô, vous tous, les anges de là-haut, gardez l'œil,

Faîtes taire les branches ! Mon enfant dort. (bis)

Gute Ruh', gute Ruh' ! Tu die Augen zu
Wandrer, du müder, du bist zu Haus.
Die Treu ist hier, sollst liegen bei mir,
Bis das Meer will trinken die Bächlein aus.

Will betten dich kühl auf weichem Pfühl
In dem blauen kristallenen Kämmerlein.
Heran, heran, was wiegen kann,
Woget und wieget den Knaben mir ein !

Wenn ein Jagdhorn schallt aus dem grünen Wald,
Will ich sausen und brausen wohl um dich her.
Blickt nicht herein, blaue Blümelein !
Ihr macht meinem Schläfer
die Träume so schwer.

Hinweg, hinweg von dem Mühlensteg,
Hinweg, hinweg, böses Mägdelein,
Daß ihn dein Schatten, dein Schatten
nicht weckt ! Wirf mir herein dein Tüchlein fein,
Daß ich die Augen ihm halte bedeckt !

Gute Nacht, gute Nacht ! Bis alles wacht,
Schlaf aus deine Freude, schlaf aus dein Leid !
Der Vollmond steigt, der Nebel weicht,
Und der Himmel da oben, wie ist er so weit !

Wilhelm Müller

Repose-toi, repose-toi ! Ferme les yeux ! Vagabond fatigué,
tu es arrivé. Étends-toi ici avec moi où tout est sans
remous, jusqu'à ce que la mer engloutisse les ruisseaux.

Je vais te déposer au frais, sur un tendre oreiller,
dans cette petite chambre de cristal bleu.
Venez, venez, vous tous qui pouvez le bercer,
balancer mon enfant jusqu'à ce qu'il s'endorme.

Quand un cor de chasse retentira depuis la forêt verte,
il me faudra te protéger du mal et gronder autour de toi.
Ne vous penchez pas pour regarder, fleurs bleues !
Vous troublez les rêves de mon dormeur.

Partez, partez du moulin à eau. Pars, pars méchante fille,
que ton ombre ne le réveille pas ! Envoie-moi plutôt
ton joli mouchoir que je lui couvre les yeux.

Bonne nuit, bonne nuit ! Avant que tout s'éveille,
laisse s'endormir ta joie, laisse s'endormir ta peine !
La pleine lune monte, la brume se dissipe,
et comme est loin le ciel tout là-haut !

Le conte de fées fut aussi de tout
temps, après l'âge de la berceuse,
un accès au rêve et au merveilleux.

Lehrte mich meine Mutter Lieder

In länst verflossenen Zeiten,

Kam es nur selten vor,

Daß ihre Augennicht von Tränen

betaut waren.

Jetzt, da ich meine Kinder diese

melodiösen Strophen lehre,

Fließen mir oft die Tränen aus der

Fundgrube meiner Erinnerungen.

Heyduk

Chansons que m'enseigna ma mère
En des jours depuis longtemps enfuis ;
Rarement de ses paupières
Les larmes étaient absentes.
Maintenant j'enseigne à mes enfants
Ces couplets mélodieux ;
Souvent mes larmes coulent,
Du fond de mes souvenirs.

Pour les chrétiens, la Vierge joue un rôle important dans la protection de l'enfance. Nombre de filles ou de garçons portent le nom de Marie accolé à leur prénom de baptême.

Спи, дитя моё
Спи, усни!
Сладкий сон к себе мани :
В няньки я тебе взяла
Ветер, солнце и орла

Улетел орел домой;
Солнце скрылось под водой;
Ветер, после трех ночей,
Мчится к матери своей
Спрашивала ветра мать :
"Где изволил пропадать?
Али звёзды воевал?
Али волны бсе гонял?

"Не гонял я волн морских,
Збёзд не трогал золотых;
Я дитя оберегал,
Колыбелочку качал!"
Спи, дитя моё, спи, усни!
спи, усни!
Сладкий сон к себе мани.

В няньки я тебе взяла
Ветер, солнце и орла.

A.N. Maikow

Dors, mon enfant, dors, endors-toi, dors.
Laisse-toi envahir de doux rêves,
Je t'ai amené des nourrices : le vent, le soleil et l'aigle.

L'aigle a regagné les cieux à tire d'ailes,
Le soleil a disparu parmi les vagues.
Après trois nuits, le vent s'est précipité auprès de sa mère.

La mère a interrogé le vent : « D'où viens-tu ?
T'es-tu battu avec les étoiles ?
As-tu poursuivi les vagues au large ? »

« Non, je n'ai pas poursuivi les vagues,
Je n'ai pas touché les étoiles dorées ;
J'ai gardé un petit enfant et balancé son berceau. »

Dors, mon enfant, dors, endors-toi, dors.
Laisse-toi envahir de doux rêves.
Je t'ai amené des nourrices : le vent, le soleil et l'aigle.

Petite coque rigide équipée de patins latéraux pour le balancement et de sangles pour éviter les chutes, la bercelonnette était beaucoup utilisée pour les nourrissons jusqu'au siècle dernier.

Duérmete, niño, duerme,
duerme, mi alma,
duérmete, lucerito,
de la mañana.
Nanita, nana,
duérmete, lucerito
de la mañana.

Dors, mon petit, dors ;
dors, mon âme.
Dors, petite étoile du matin.
Dodo, dodo
Dors, petite étoile du matin.

Demi-tronc d'arbre, demi-tonnelet, berceau hotte en vannerie ou couffin d'osier (le fameux « Moïse »), il existe, selon les temps et les milieux, une grande variété de berceaux. La literie était autrefois constituée de plusieurs paillasses : sacs de toile bourrés de crins, balles d'avoine ou de fougères qui parfumaient aussi le berceau.

Котъ на печи

Котъ на печу Сухари толчетъ,
Кошка въ лукошке
Ширинку шьетъ,
Маленьки котята
Въ печуркахъ сидятъ
Да на котика глядятъ,
Что жа котика глядятъ
И сыхари едятъ...

Бай-Бай...

Баюшкибаью, прибаюкиваю...
Качъ, качъ, привезетъ отецъ калачь,
Матери сайку, сынку, балалайку,
Абаю, баю, прибаюкиваю...
Стану я качати,
Въ балалаику игграти,
А баю, баю, прибаюкиваю...

INTÉRIEUR

Le chat, sur le poële, casse des noisett's,
La chatt', sur le foyer, fait sa toilett',
Et les petits chats ont mis des lunett's,
Guignent, guignent, les petits,
Si le vieux n'a pas fini,
Pas encor', mais tant pis.

DODO...

Dodo, dodo
L'enfant do, l'enfant dormira bientôt.
Berce, berce, papa rapportera du bon gâteau.
À Maman, un bon pain blanc ;
pour son fiston une balalaïka
Dodo, dodo, l'enfant do
Je te bercerai
Sur la balalaïka jouerai
Dodo, dodo, l'enfant do.

L'ours en peluche, apparu en Allemagne en 1903 avant de se répandre aux États-Unis sous le nom de Teddy Bear, est devenu l'objet fétiche de l'enfant occidental du XXᵉ siècle.

Баю, баю, милъ внученочекъ!

Ты спи усни, усни крестьянский сынъ.

Баю, баю,

До прежъ деды не знавали беды.

Беда пришла, да беды привела,

Съ на пастями да съ пропастями,

Съ правежами беда, все съ побоями.

Баю, баю, милъ внученочекъ!

Ты спи усни, усни крестьянский сынъ.

Изживемъ мы беды за работушкой,

За немилой, чужой, непокладнаю,

Вековечною, злою страдною, злою

страдною.

Белымъ тельцемъ лежишь въ люлечке,

Твоя душенька въ небесахъ летитъ,

Твой тихий сонъ самъ Господь хранитъ,

Побокамъ стоятъ светлы ангелы,

стоятъ ангелы

Tiré de Voïevoda,
drame d'A. Ostrovsky

Baba Yaga est la plus célèbre sorcière russe. Dans les contes, elle chasse les petits enfants et les mange bouillis…

Dodo, dodo, mon enfant chéri.
Dors paisiblement, fils du laboureur. Dodo, dodo.
Nos ancêtres ignoraient le malheur. Puis le malheur
est venu, avec son cortège de malheurs. Il amena
les âpres peines, les chagrins, les douleurs, les tortures
et les désespoirs.

Dodo, dodo, mon enfant chéri.
Dors paisiblement, fils du laboureur.
À force, nous viendrons à bout du malheur,
même si le travail est dur, même s'il n'y a pas de répit,
même si le labeur est infini, vicieux, et que le temps
est court.

Ton petit corps blanc repose en son berceau,
alors que ta petite âme s'envole vers le ciel ;
Dieu te protège dans ton sommeil,
et les anges resplendissants se tiennent à tes côtés.
Les anges resplendissants veillent sur toi.

1) Brahms
Berceuse, opus 49 n° 4
Cathy Biros, soprano
Malcolm Walker, baryton
Philippe Biros, piano

2) Schubert
Berceuse, opus 498 n° 2
Cathy Biros, soprano
Philippe Biros, piano

3) Flies (attribué à Mozart)
Berceuse
Cathy Biros, soprano
Philippe Biros, piano

4) Fauré
Dolly, berceuse, opus 56
Catherine Weill, piano
Olivier de Monès, violoncelle

5) Weber
Berceuse, opus 13 n° 2
Malcolm Walker, baryton
Philippe Biros, piano

6) Chopin
Berceuse en *ré* bémol majeur, opus 57
Catherine Weill, piano

7) Strauss
Berceuse, opus 41a n° 1
Cathy Biros, soprano
Philippe Biros, piano

8) Schumann
Albumblätter, opus 124
« Petite Berceuse »
Lily Laskine, harpe
Erato 4509-92238-2
℗ Erato Classics SNC, Paris, France 1975

9) Wolf
Berceuse d'été
Cathy Biros, soprano
Philippe Biros, piano

10) Brahms
Berceuse de l'Enfant Jésus, opus 91
Anna Holroyd, mezzo
Philippe Biros, piano
Olivier de Monès, violoncelle

11) Schubert
La Belle Meunière, D795
« Berceuse du ruisseau »
Malcolm Walker, baryton
Philippe Biros, piano

12) Mendelssohn
Romances sans paroles, opus 109
Catherine Weill, piano
Olivier de Monès, violoncelle

13) Dvorak
Mélodies tsiganes, opus 55 B104 n° 4
« Chansons que m'enseigna ma mère »
Cathy Biros, soprano
Philippe Biros, piano

14) Ravel
Berceuse sur le nom de Gabriel Fauré
Jacques Rouvier, piano
Jean-Jacques Kantorow, violon
Éditions Durand
Erato 2292-45920-2
℗ Erato Classics SNC, Paris, France 1973

15) Tchaïkovsky
Berceuse, opus 16 n° 1
Anna Holroyd, mezzo
Philippe Biros, piano

16) De Falla
Sept chansons populaires espagnoles, n° 5
« Nana »
Philippe Biros, piano
Anna Holroyd, mezzo

17) Stravinsky
Les Quatre Berceuses du chat, n° 2 et 3
« Intérieur » et « Dodo »
Anna Holroyd, mezzo
Basile Bratos, petite clarinette en *mi* bémol
Antony Marchutz, clarinette en *la*
Olivier Voize, clarinette basse en *si* bémol

18) Grieg
Berceuse, opus 38 n° 1
Catherine Weill, piano

19) Moussorgsky
Six chansons, n° 1
« Berceuse du paysan »
Anna Holroyd, mezzo
Philippe Biros, piano

20) Poulenc
Histoire de Babar, le petit éléphant
Berceuse
Jean Françaix, orchestration
Orchestre de l'Opéra de Lyon
Direction Kent Nagano
Éditions Chester Music
Erato 4509-96947-2
Coproduction Erato/Opéra de Lyon
℗ Erato Disques S.A., Paris, France 1994

2 Pauli Ebner, illustration de couverture des *Belles Chansons allemandes pour enfants et rimes pour mères et enfants*, vers 1915, Nuremberg, Allemagne. Archives d'art et d'histoire, Berlin, Allemagne. **3** Illustration d'Antoon Krings, 1998. **4** Faire-part de naissance, 1915. **5** Howard Schatz, *Mackenzie 3 days*, photographie issue de *Newborn*, 1996, Los Angeles, États-Unis, Chronicle Books. **6** G. Gambarini (1680-1725), *L'Hiver*, détail. Pinacoteca Nazionale, Bologne, Italie. **7** Georges de La Tour (1593-1652), *Le Nouveau-Né*, détail. Musée des Beaux-Arts de Rennes. **8-9** Illustration de Georg Hallensleben, 1998. **10** Biberon en étain, XVIIIe siècle. Musée de l'Assistance publique, Paris. **11** André Gill (1840-1885), *Le Nouveau-Né*. Musée du Petit-Palais, Paris. **12-13** Illustration d'Alex Sanders, 1998. **14** Marguerite Gérard (1761-1837), *Les Premiers Pas*, détail. Musée de l'Ermitage, Saint-Pétersbourg, Russie. **15** Pierre-Auguste Renoir (1841-1919), *Gabrielle et Jean*. Musée de l'Orangerie, Paris. **16-17** J. H. Fragonard (1732-1806), *Le Berceau*. Musée de Picardie, Amiens. **18** Pauli Ebner, « Le soir, quand je vais me coucher, quatorze anges se tiennent près de moi », illustration issue de *Belles Chansons allemandes pour enfants et rimes pour mères et enfants*, vers 1915, Nuremberg, Allemagne. Archives d'art et d'histoire, Berlin, Allemagne. **19** Illustration d'Olivier Tallec, 1998. **20** Jean Valentin (1591-1632), *Retour de baptême*, détail. Victoria and Albert Museum, Londres, Royaume-Uni. **21** Léonard de Vinci (1451-1519), *La Vierge, l'Enfant Jésus et sainte Anne*. Musée du Louvre, Paris. **22** *Le Livre des enfants. Contes des fées choisis par Elisa Voiart et Amable Tastu*, Paris, éditions Paulin et Hetzel, 1838, frontispice et page de titre. **23** Illustration de Jean-Claude Götting, 1998. **24-25** Illustration de Yan Nascimbene, 1998. **26** Sandl, *Image religieuse de Mariazell*, 1850, peinture sous verre. Collection particulière, Munich, Allemagne. **27** Illustration de Jochen Gerner, 1998. **28-29** Van Strydonck (1861-1937), *La malade, l'accouchée*. Musée des Beaux-Arts, Tournai, Belgique. **30** Berceau d'enfant, seconde moitié du XIXe siècle. Musée des Arts et Traditions populaires, Paris. **31** Illustration de Camille Sauvage, 1998. **32** Berceau d'enfant en osier, 1946. Musée des Arts et Traditions populaires, Paris. **33** Illustration d'Emily Walcker, 1998. **34** Ours en peluche. **35** Illustration de Marcelino Truong, 1998. **36-37** Illustration de Nicolas Thers, 1998. **38** Bilibine (1876-1942), *Baba Yaga*, illustration issue du conte *Vassilissa la belle*, 1900. Paris, Institut d'Études slaves. **39** Illustration de Fernand Mognetti, 1998. **40-41** Jean de Brunhoff, illustration issue de l'*Histoire de Babar, le petit éléphant*, Paris, Hachette Livre, 1939.

A.K.G. Paris **2, 18, 21, 26, 34**. Alex Sanders **12-13**. Alinari-Giraudon **6**. Antoon Krings **3**.
Assistance publique **10**. Bridgeman-Giraudon **20**. Camille Sauvage **31**. Collection particulière **22**.
D.R. **5**. Emily Walcker **33**. Fernand Mognetti **39**. G. Dagli Orti **7, 15**. Georg Hallensleben **8-9**.
Giraudon **16-17, 28-29**. Jean-Claude Götting **23**. Jean-Loup Charmet **4, 38**. Jochen Gerner **27**.
© Hachette Livre 1939, Jean de Brunhoff **40-41**. Marcelino Truong **35**. Nicolas Thers **36-37**.
Olivier Tallec **19**. Photo R.M.N. – Daniel Adam **30, 32**. Photographie Bulloz/Ville de Paris,
musée du Petit-Palais **11**. Scala **14**. Yan Nascimbene **24-25**.

Gallimard Jeunesse Musique : Paule du Bouchet.

LIVRE :
Graphisme et maquette : Yann Le Duc.
Coordination éditoriale : Émilie de Lanzac et Marine de Pierrefeu.
Iconographie : Marine de Pierrefeu.
Lecture-correction : Francys Gramet.

DISQUE :
Conception : Paule du Bouchet et Dominique Boutel.
Avec le concours de Frédéric Lodéon (« Carrefour de Lodéon », France Inter).
Coordination musicale : Paule du Bouchet et Philippe Biros.
L'enregistrement du CD a été réalisé par Radio France.
Prise de son : Christian Prévot et Alain Joubert.
Musicien metteur en ondes : Hélène Nicolaï.
Musiciens :
Cathy Biros : soprano
Anna Holroyd : mezzo
Malcolm Walker : baryton
Catherine Weill : piano
Philippe Biros : piano
Olivier de Monès : violoncelle
Basile Bratos : petite clarinette en mi b
Antony Marchutz : clarinette en la
Olivier Voize : clarinette basse en si b
Remerciements : Boris Kisselevsky.

Les Imagiers (dès 1 an)
Mon imagier sonore
Mon imagier de l'alphabet
Mon imagier amusettes (vol. 1)
Mon imagier amusettes (vol. 2)
Mon imagier des rondes
Mon imagier des animaux sauvages
Mon imagier des comptines à compter
L'imagier de ma journée
Mon imagier en anglais

Coco le ouistiti (dès 18 mois)
L'anniversaire de Coco
Coco et le poisson Ploc
Coco et les bulles de savon
Coco et la confiture
Le pyjama de Coco
Coco et les pompiers
Coco et le tambour

Le p'tit chansonnier
(dès 2 ans)
Mon arbre à chansons
Des rondes et des z'étoiles

**Mes Premières Découvertes
de la Musique** (3 à 6 ans)
Barnabé et les bruits de la vie
Charlie et le jazz
Faustine et les claviers
Fifi et les voix
Léo, Marie et l'orchestre
Loulou et l'électroacoustique
Max et le rock
Momo et les cordes
Petit Singe et les percussions
Tim et Tom et les instruments à vent
Tom'bé et le rap
Timbélélé et la musique africaine
Cayetano et la musique sud-américaine
Lowa et la musique du Maghreb
Issa Ivanovna et la musique russe

**Mes Premières Découvertes
des instruments** (5 à 8 ans)
À la découverte du violon
À la découverte du piano

Musique et Langues
(3 à 6 ans)
Billy & Rose

Découverte des Musiciens
(6 à 10 ans)
Jean-Sébastien Bach
Ludwig van Beethoven
Hector Berlioz
Frédéric Chopin
Claude Debussy
Georg Friedrich Haendel
Wolfgang Amadeus Mozart
Henry Purcell
Franz Schubert
Pytor Ilyich Tchaïkovski
Antonio Vivaldi

Petit Répertoire (6 à 10 ans)
La Boîte à joujoux
Tableaux d'une exposition

Les contes de toujours
(6 à 10 ans)
La Belle et la Bête
Les Cygnes sauvages

**Les contes du bout
du monde** (8 à 12 ans)
Un conte du Cap-Vert
Un conte de Cuba
Un conte du Japon
Un conte de Madagascar

Grand Répertoire (8 à 12 ans)
Brundibar
Carmen
Cendrillon
Douce et Barbe-Bleue
L'Enfant et les sortilèges
La Flûte enchantée
La Sorcière du placard aux balais

Musiques d'ailleurs
(8 à 12 ans)
Antòn et la musique cubaine
Bama et le blues
Brendan et les musiques celtiques
Djenia et le raï
Jimmy et le reggae
Tchavo et la musique tzigane

Carnets de Danse
(8 à 12 ans)
La danse classique
La danse hip-hop
La danse jazz
La danse moderne

Musiques de tous les temps
(8 à 12 ans)
La musique au temps des chevaliers
La musique au temps du Roi-Soleil
La musique au temps
de la préhistoire

Hors série
(pour tous)
L'Alphabet des grands musiciens
L'Alphabet des musiques de films
Les Berceuses des grands musiciens
Les Berceuses du monde entier (vol. 1)
Les Berceuses du monde entier (vol. 2)
La Bible en musique
Chansons d'enfants du monde entier
Chansons de France (vol. 1)
Chansons de France (vol. 2)
Chanter en voiture
Les Fables enchantées
Musiques à faire peur
La Mythologie en musique
Les plus belles berceuses d'Henri Dès
Les plus beaux chants de Noël
Poésies, comptines et chansons
pour le soir
Poésies, comptines et chansons
pour tous les jours

Tout sur la musique !
Wolfgang Amadeus Mozart

ISBN : 978-2-07-055937-4
© Éditions Gallimard Jeunesse / Erato disques
Premier dépôt légal : novembre 1998
Dépôt légal : janvier 2011
Numéro d'édition : 181516
Imprimé en Italie par Gruppo Editoriale Zanardi
Loi n° 49-956 du 16 juillet 1949
sur les publications destinées à la jeunesse